Viktoria Sarina

DAS BUCH ZUM
FERTIGMALEN

#SPRINGINEINEPFÜTZE

HALLO!

Schön, dass dieses Buch den Weg in deine Hände gefunden hat.
Wenn du gerne kreativ bist, Langeweile vertreiben willst oder
deine Zeichenkünste verbessern möchtest, wirst du mit »Das
Buch zum Fertigmalen« auf jeden Fall viel Spaß haben. Gestalte
Seite für Seite oder such dir die Aufgaben nach Lust und Laune
aus. Auf manchen Seiten befinden sich bereits Zeichnungen
und Scribbles, die du erweitern oder verändern kannst, und
andere Seiten sind noch frei und warten nur auf deine Ideen.
Egal ob bunt und verrückt oder dezent und schlicht,
alles, was dir gefällt, ist erlaubt.

Achtung! Es gibt nur eine einzige Regel: Hab bloß keine Angst,
falls Zeichnen nicht eines deiner größten Talente ist,
denn man weiß ja: Alles ist Kunst!
Teile deine gestalteten Seiten mit dem Hashtag
#SpringInEinePfütze auf Instagram. Dort wartet eine kreative
Community auf dich, und ihr könnt euch gegenseitig
inspirieren und austauschen.

Mit verschiedenen Stiften und Farben kannst du unterschiedliche Ergebnisse erzielen. Zum Beispiel kann man mit einem BLEISTIFT super gut schattieren und verschieden dicke Linien ziehen. Für einen sanften Übergang verwische die Bleistiftstriche mit einem Taschentuch.

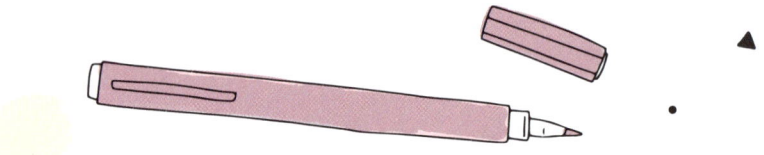

FILZSTIFTE eignen sich bestens, um Flächen einheitlich auszumalen – im Comic-Effekt.

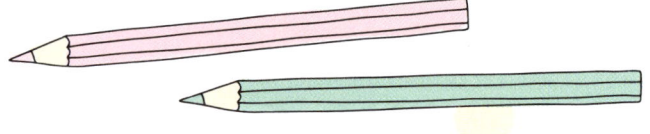

BUNTSTIFTE sind echte Allrounder! Egal ob locker schattieren oder kräftig ausmalen, mit ihnen bekommt man jeden 3-D-Effekt hin.

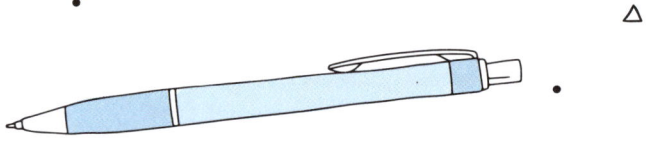

Wenn du nur einen KUGELSCHREIBER zur Hand hast – kein Problem! Auch damit kann man coole Skizzen zeichnen.

Spezieller sind da schon AQUARELLFARBEN. Die gibt es im Malkasten und in Stiftform. Wenn du schon etwas geübter bist, kannst du damit bestimmt tolle Effekte erzielen, aber wenn du noch am Anfang stehst, versuche dich erst mal an einfacheren Malutensilien.

Wie wäre es zum Beispiel mit WASSERFARBEN? Sie sind ähnlich wie Aquarellfarben, aber günstiger zu bekommen und gut geeignet zum Üben.

Hast du schon mal an einen RADIERGUMMI gedacht? Richtig gehört! Male eine Fläche mit Bunt- oder Bleistiften aus und radiere ein Muster hinein. Das sieht cool aus und ist einfach mal was anderes!

Wenn du mal richtig kreativ sein willst, schau dich um! Man kann nicht nur mit Stiften malen, sondern mit allem, was Farbe abgibt. LIDSCHATTEN, KREIDE, GEWÜRZE ...

Auch die Farben müssen gut ausgewählt sein. Sehr dunkle Farben bilden einen starken Kontrast zu hellen Farben – das kann deinem Bild Charakter verleihen. Einen sanfteren Effekt erzielst du, wenn sich die Farbtöne ähneln und sich nur in Nuancen unterscheiden. Neonfarben wirken ganz anders als Pastellfarben. Natürlich ist alles erlaubt, denn du bist der Künstler.

MUSTER

Bevor du loslegst, hol dir hier gerne etwas Inspiration. Es gibt unendlich viele Muster, aber das sind unsere Favoriten.

Am Ende des Buches ist Platz für deine eigenen Collagen oder Muster-sammlungen. Wenn dein Kopf nun voller Fantasie und Vorstellung ist, kannst du gleich loslegen! Stifte & Pinsel zur Hand, und los geht's!

LOVE

Fülle diese Seite mit den
unterschiedlichsten Herzen.

YUMMY!

Hier kannst du dich mit all deinen
liebsten Süßigkeiten austoben.

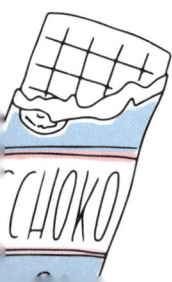

Werde zum DESIGNER und kleide die
beiden Mädchen ein. Ballkleid, Regenmantel
oder Bikini – ganz egal.

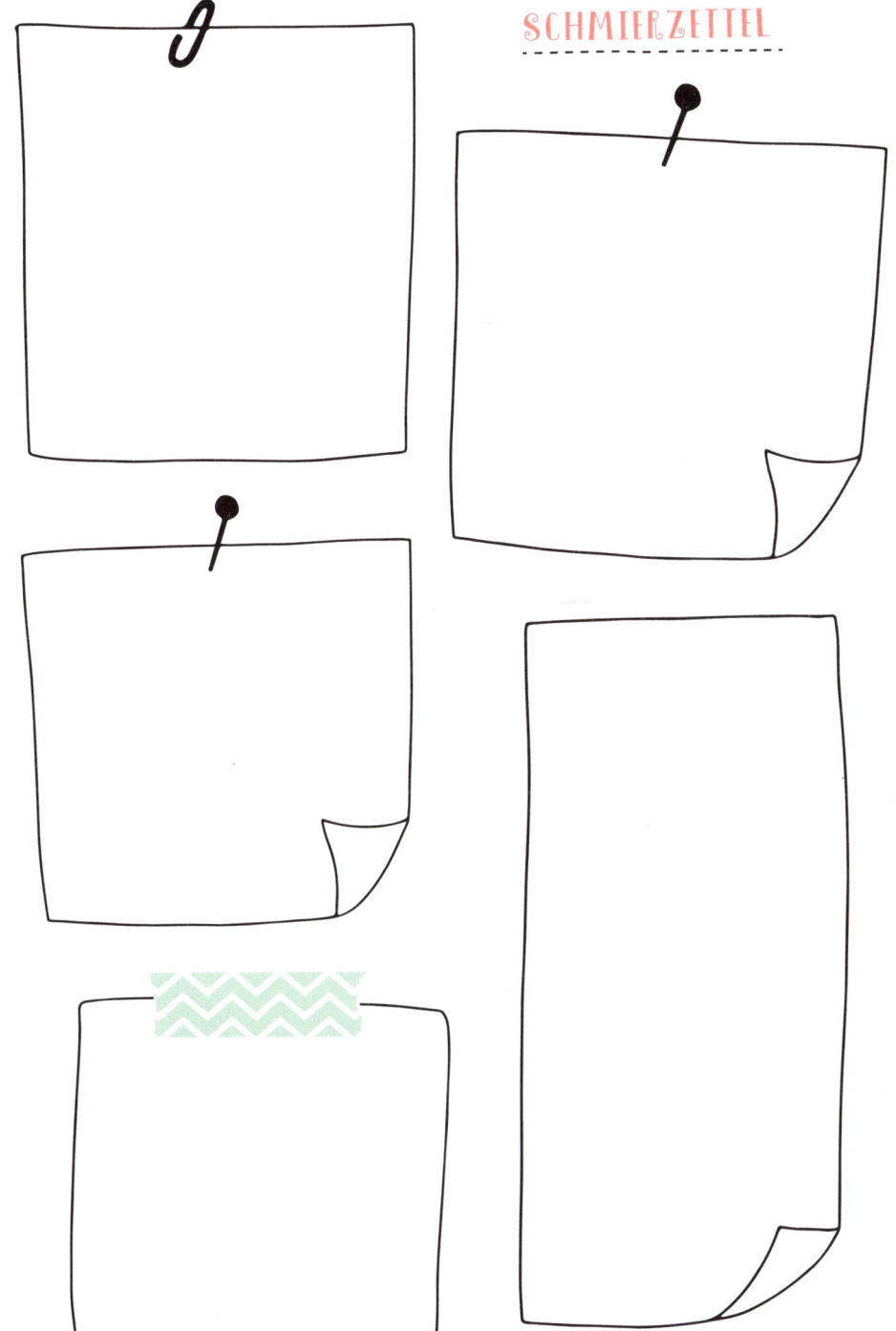

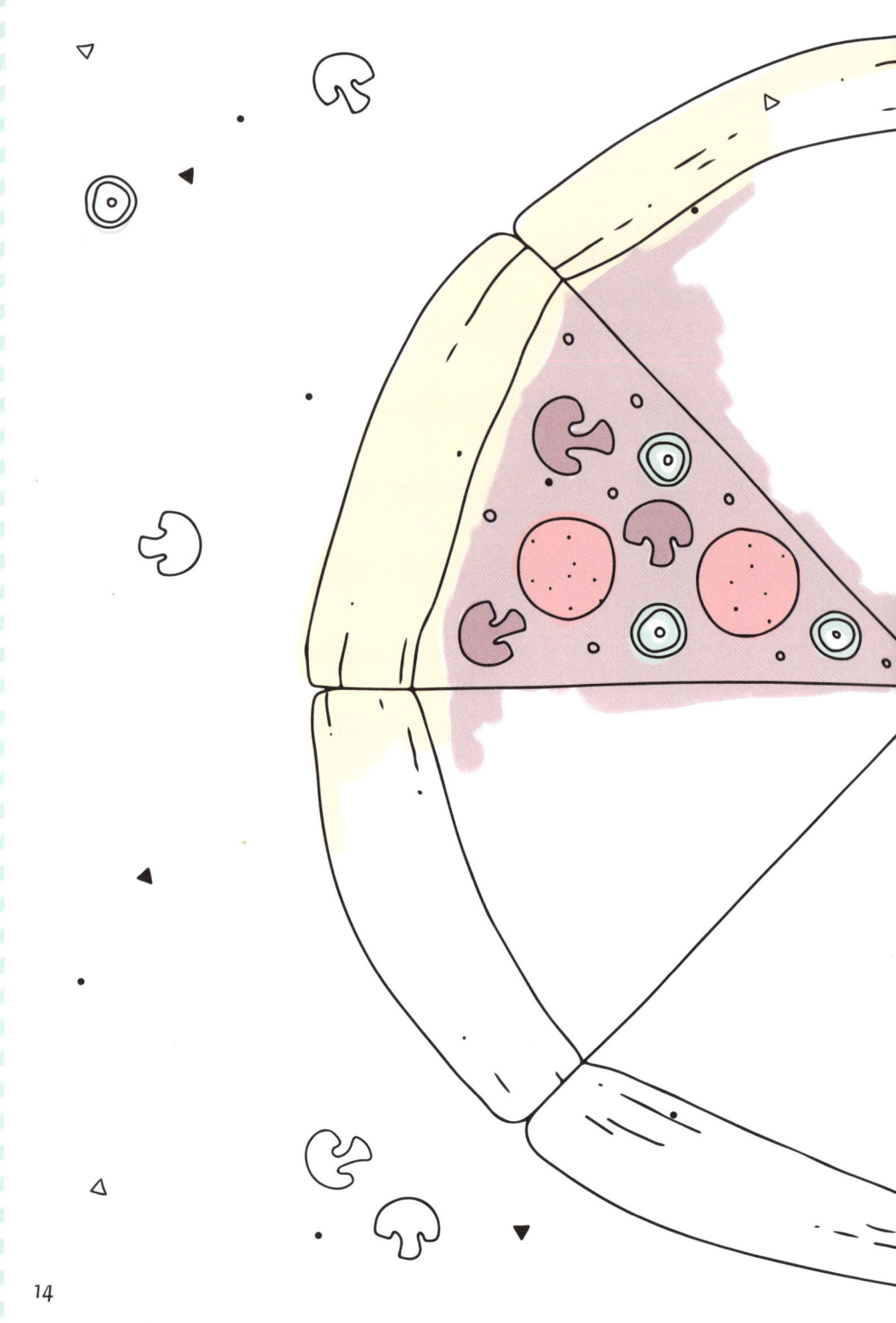

Was ist dein **LIEBLINGSESSEN**?

Zeichne alle Gerichte, die dir in den Kopf kommen.

PFEILE

Verpasse diesen dreien doch
einen **HÜBSCHEN HAARSCHNITT.**

Oder bist du lieber fies?

Dann verunstalte sie. :D

NUR EINE FARBE ERLAUBT!

Zeichne ein Bild in nur einer Farbe.

- -

9

Behänge diese Seite mit GIRLANDEN.

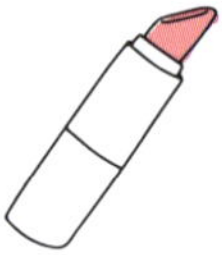

SHOPPING
TIME

A B C D E

F G H I J

K L M N O

P Q R S T

U V W X Y Z

33

PARTY

Das ist deine persönliche

TELEFON-KRITZEL-SEITE.

Während du telefonierst, kannst

du hier kritzeln.

Im AQUARIUM ...

WIE VIELE FARBEN schaffst du,

auf diese Seite zu bekommen?

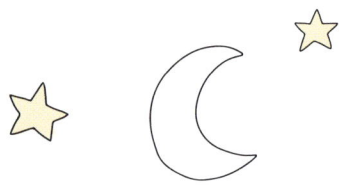

UNICORNS

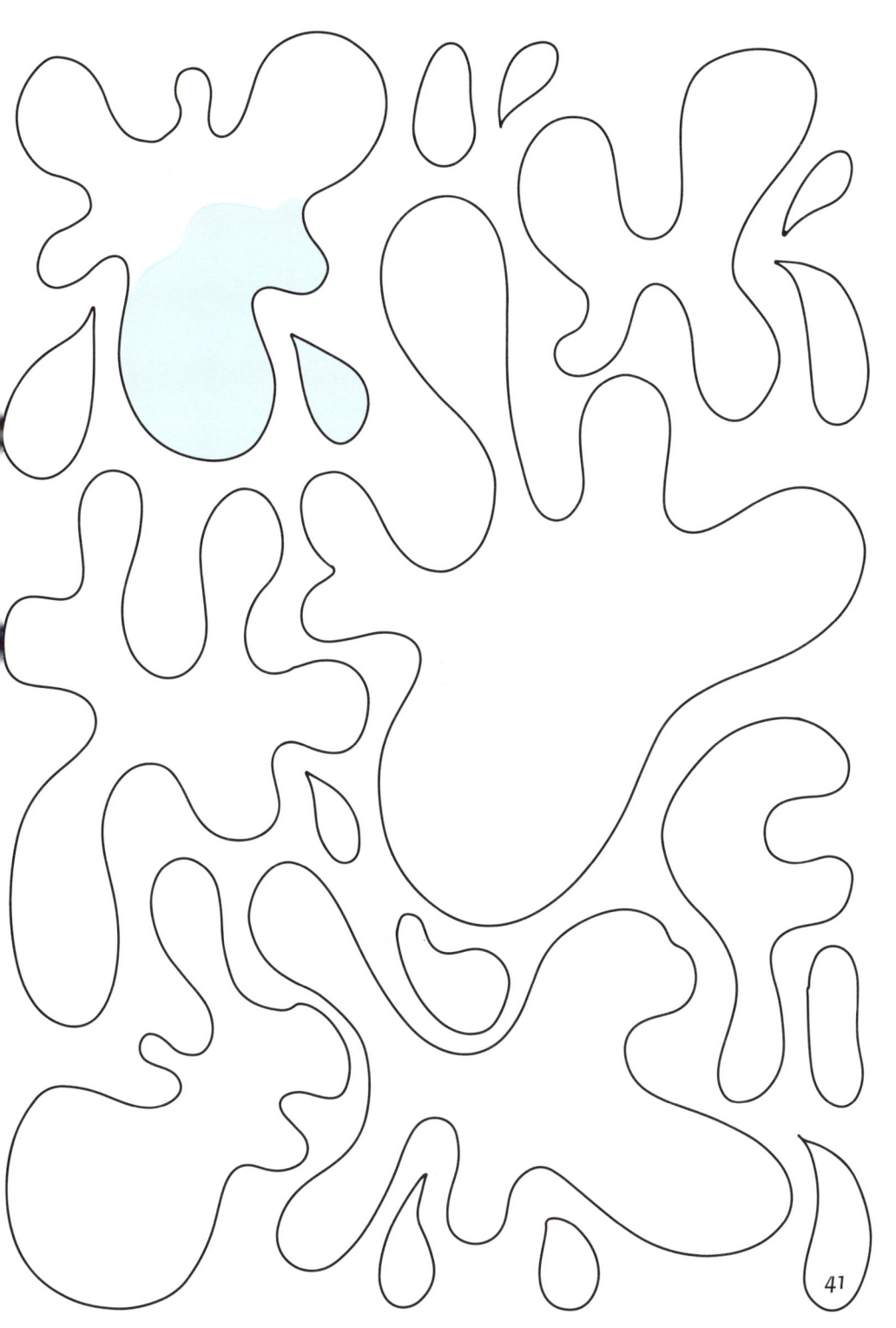

A B C

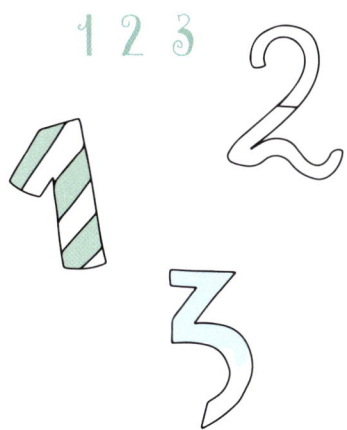

Du bist T-SHIRT-DESIGNER

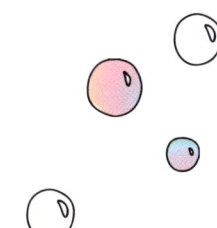

DIY

Frag doch mal deine OMA oder deinen OPA,
ob sie diese Seite für dich gestalten möchten.

Hier ist Platz für einen FARBVERLAUF
in deinen Lieblingsfarben.

▷

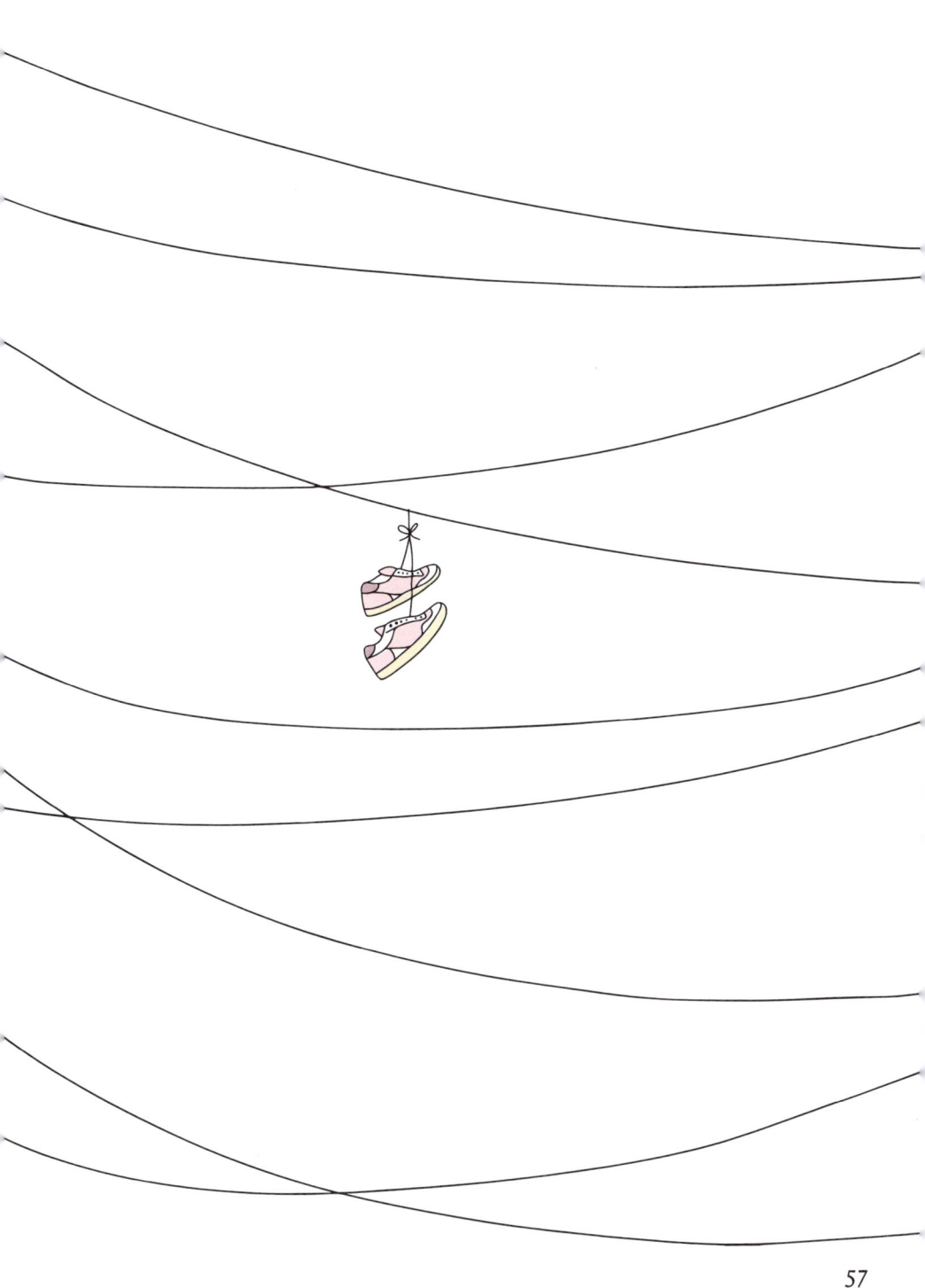

Wovor posieren die **BFFs**?

CANDY

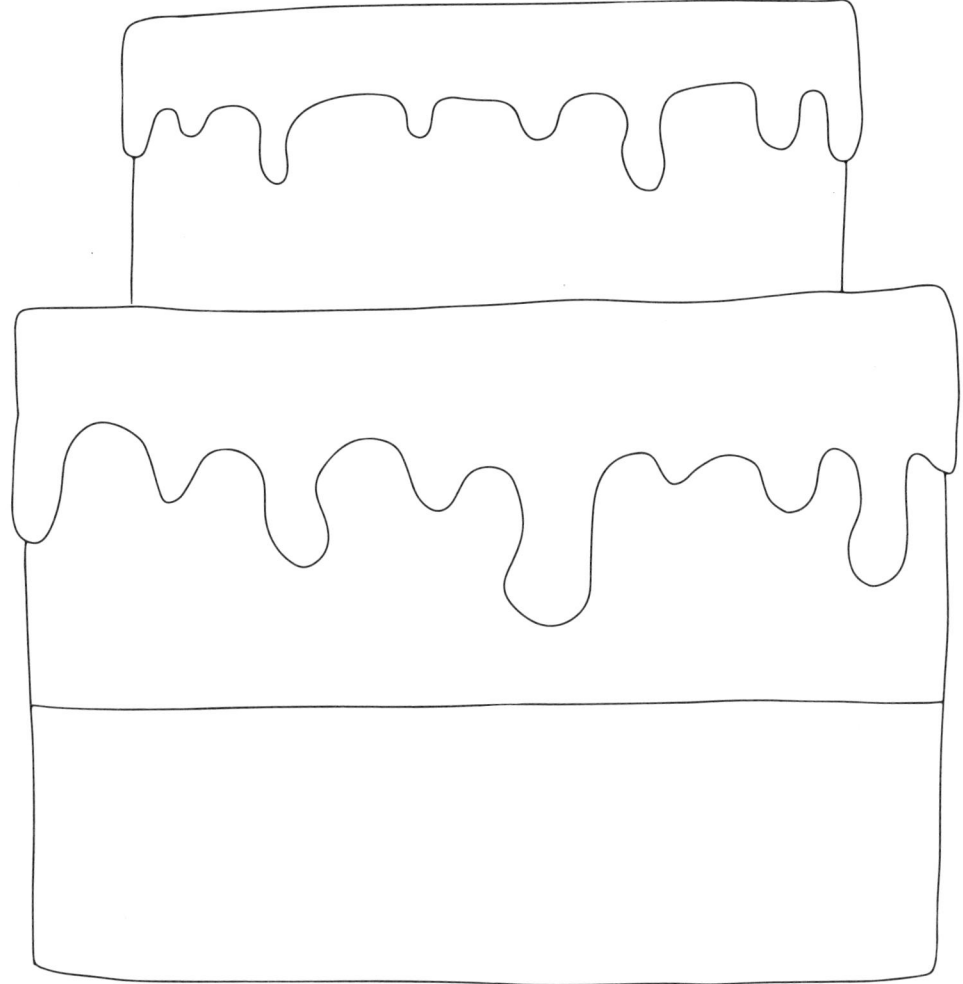

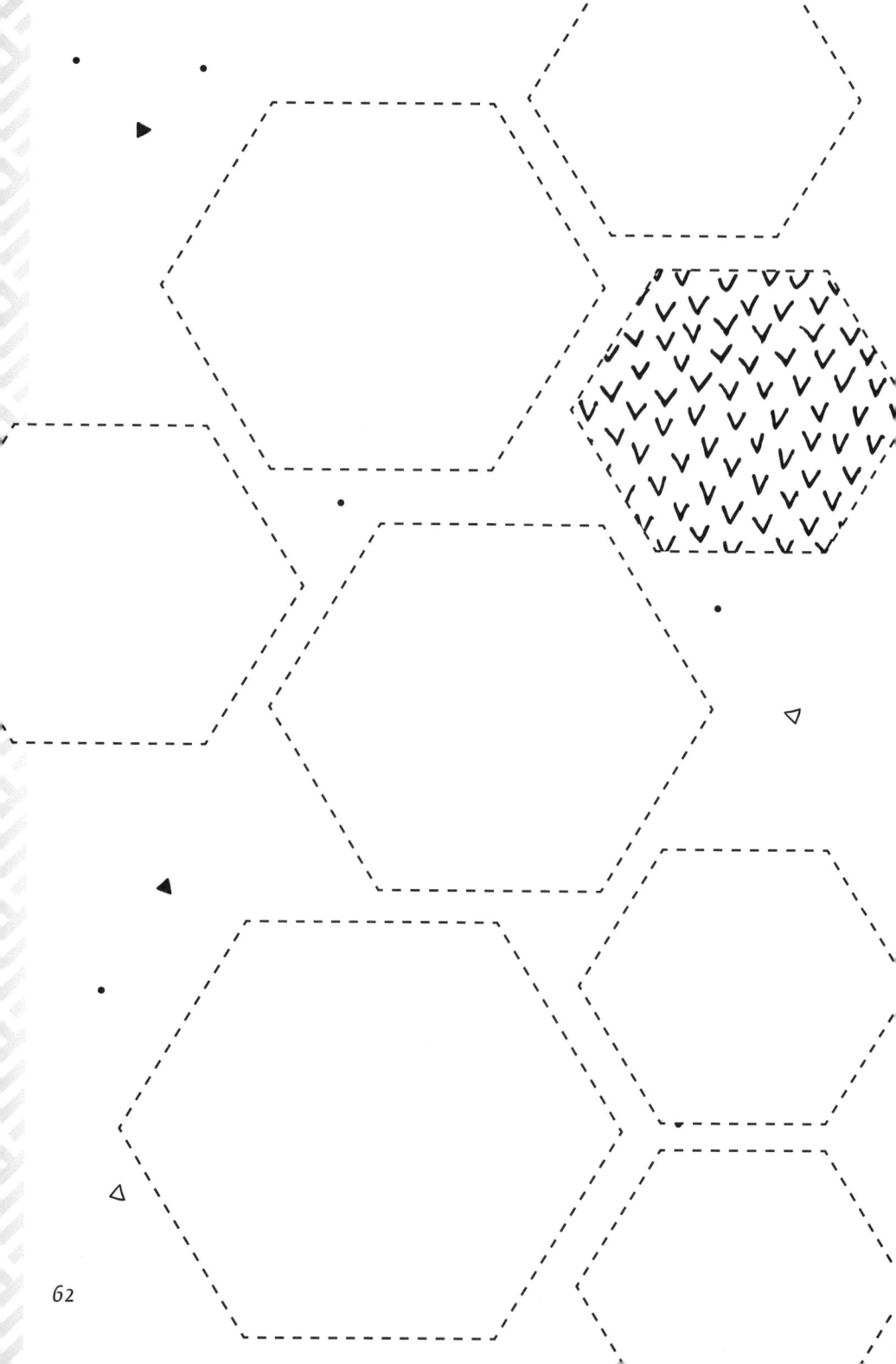

ZAUBERWALD

Ich packe

meinen

Koffer ...

FUN

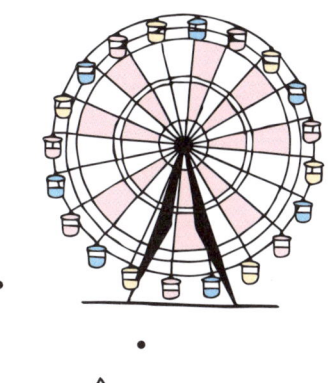

Zeichne den Grundriss von deinem
TRAUMHAUS.

Erdgeschoss
- - - - - - - - - - - - - -

Zeichne den Grundriss von deinem
TRAUMHAUS.

Obergeschoss
- - - - - - - - - - -

TASSEN gibt es in allen Formen:

dezent, schick, verrückt und süß.

KAKTI

Lege irgendwelche Gegenstände in
deiner Nähe auf die Seite und pause
die Kontur ab.

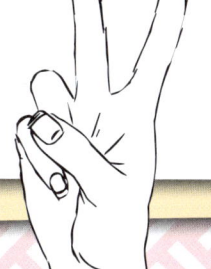

STIFTE-INVENTUR! Male mit jedem deiner Stifte
etwas auf diese Seiten.

MUSIC

lass diese **RAKETEN** in die Luft gehen!

Welche **KÖSTLICHKEITEN** dürfen beim perfekten Sonntagsfrühstück nicht fehlen?

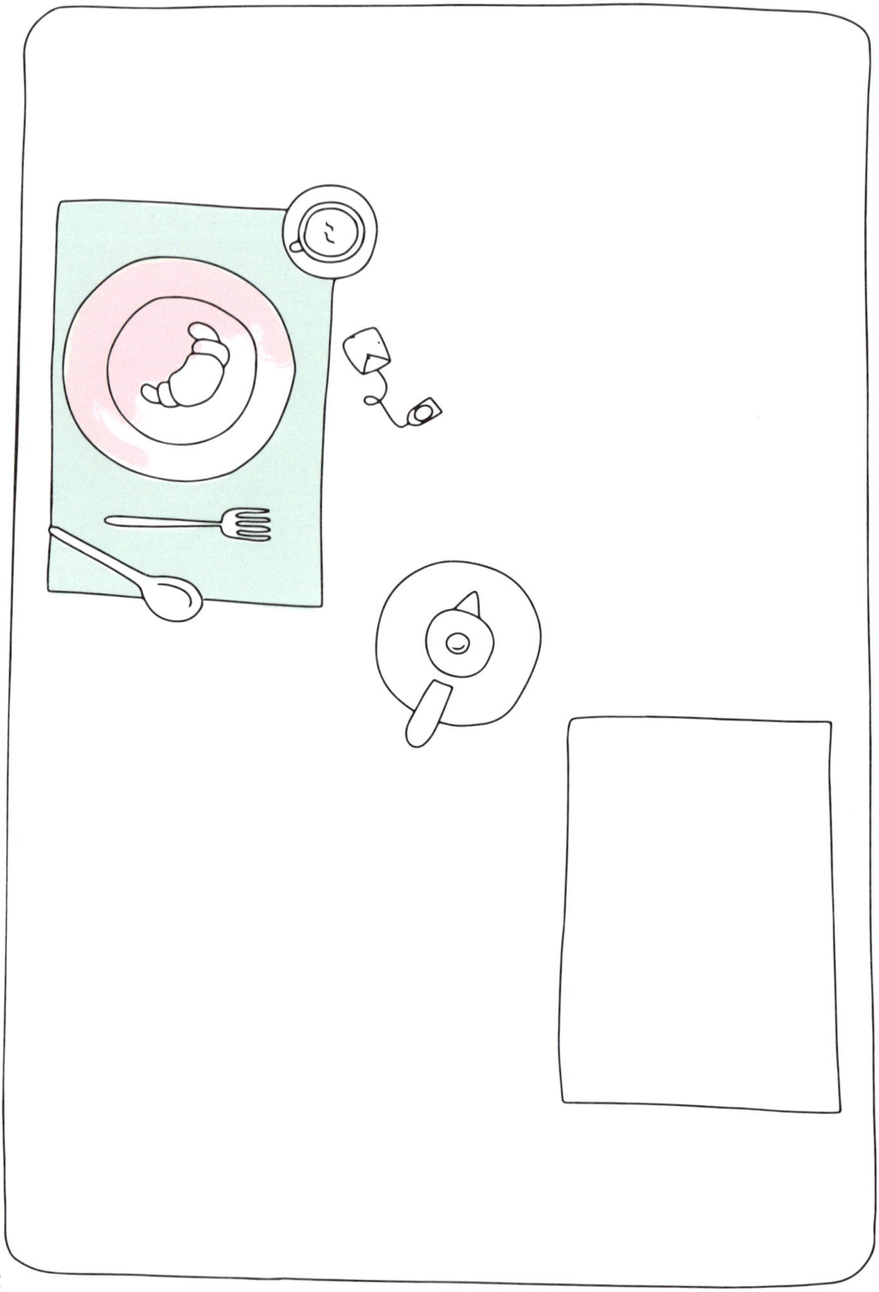

GLÜCK

Hänge noch mehr
LICHTERKETTEN auf.

Jetzt ist deine **BFF** dran!

Diese Seite gehört ihr. :)

DREAM

MAGIC

SOMMER

WINTER

Schließe deine AUGEN, greife nach einem Stift

und beginne zu zeichnen.

Öffne die Augen erst wieder, wenn du das Gefühl hast,

dass das Bild fertig ist.

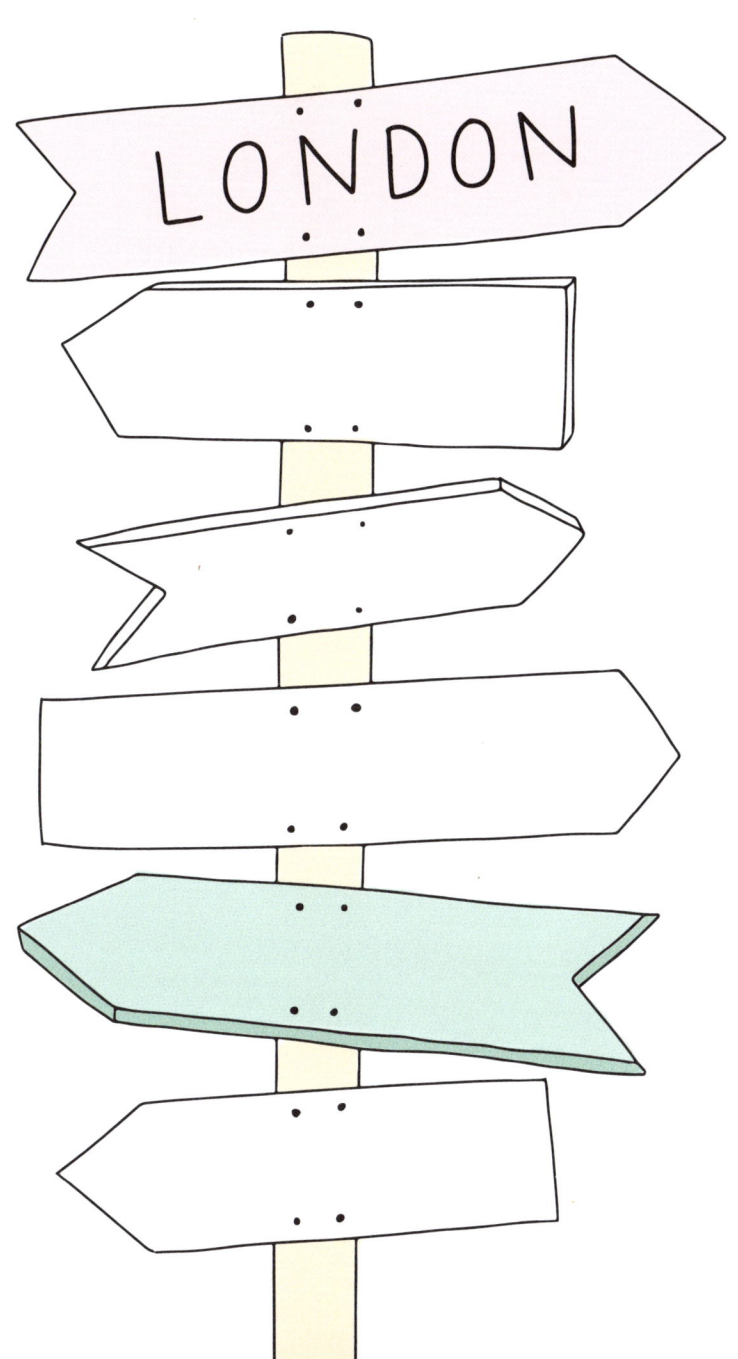

FLAMINGOS

Verschönere oder verunstalte diese GESICHTER.

HO HO HO

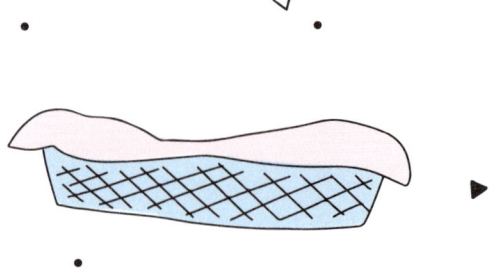

Na? Welchen **FELLNASEN**

gehören diese Bettchen?

lass ein jüngeres Familienmitglied
auf dieser Seite zeichnen.

Welche **FRÜCHTE** wachsen hier?

INSEKTEN

UNIVERSUM

Entwirf deine eigene

SCHUHKOLLEKTION.

HAUSTIERE

Dieser **KÜHLSCHRANK** muss gefüllt werden!

Zeichne einen **FARBVERLAUF**
in herbstlichen Farben.

HERBST

PRALINEN schmecken nicht nur lecker, sie sehen auch wunderschön aus.
Mit Marzipan, Krokant, Pistazien oder Kokosflocken – welche kommen in deine Schachtel?

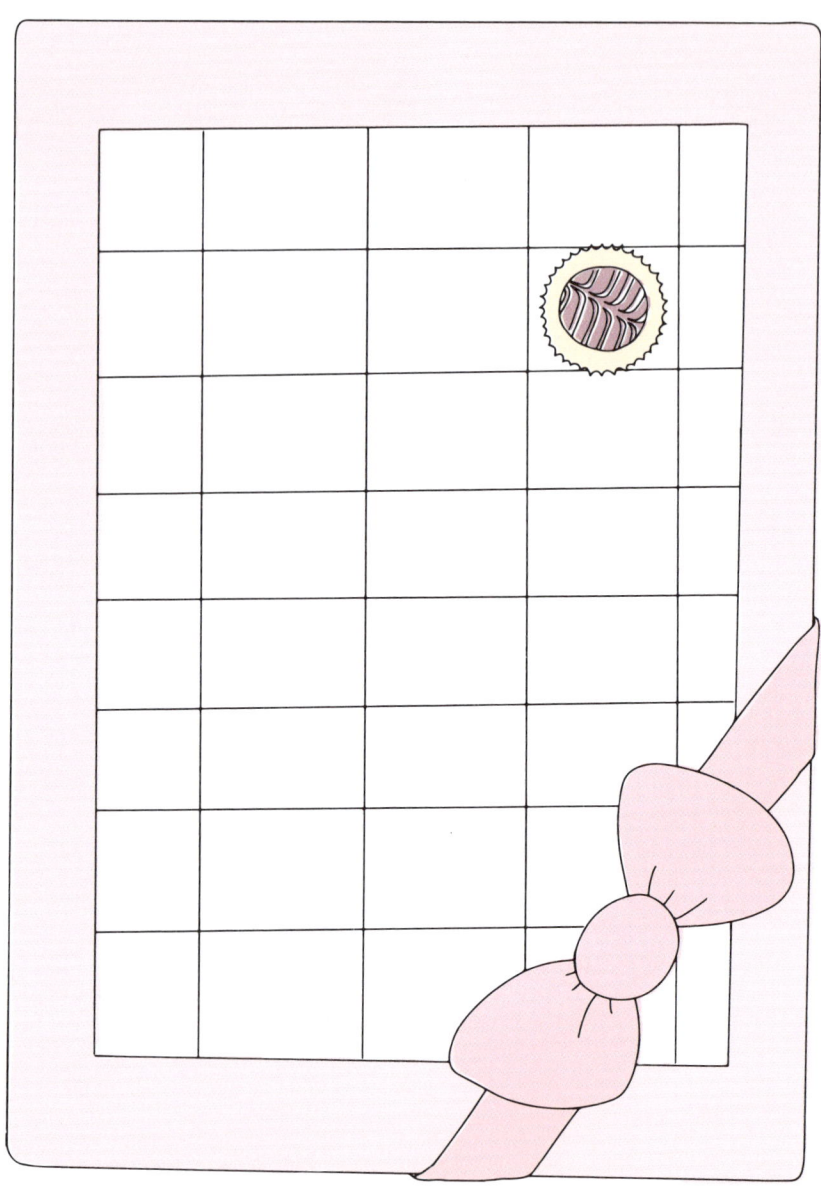

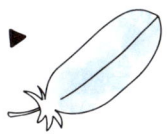

FEDERN

DINOS

MERMAID

Es wird wieder SCHWIERIG!

Versuche mal mit deinem Fuß zu malen.

Da diese Seite nun wahrscheinlich nicht mehr schön aussieht. :D

zeichne jetzt auch noch mit dem Mund.

PALMEN

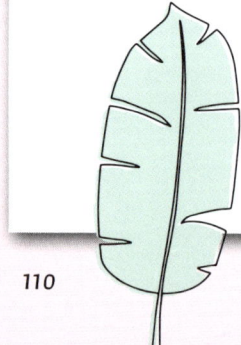

Versuche das **COVER** dieses Buches abzuzeichnen.

SCHUHE

Was brauchst du, um dich morgens fertig zu machen?

EIS

BLUMEN

Wie viele verschiedene **TIERSPUREN** kennst du?

BAUERNHOF

CUPCAKES

FAST FOOD

Diese Seite soll **FLAUSCHIG** werden.

Zeichne ein Porträt von deinem **HAUSTIER**.

HAPPY HALLOWEEN!

Hier ist alles erlaubt, was gruselig ist.

OBST

KÜCHE

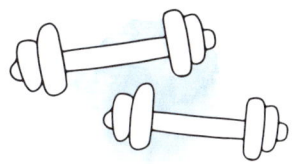

SPORT

Zeichne ein **AUTO** aus der Zukunft.

Wie werden sie wohl **3021** aussehen?

USA

MERRY
CHRISTMAS!

Schmücke diesen
Weihnachtsbaum.

#SpringInEinePfütze

Wenn du dir unter diesem Hashtag nichts
vorstellen kannst, schau doch mal auf
INSTAGRAM nach.

Erstelle eine lustige
BRILLENKOLLEKTION.

Zeichne deine FAMILIE – es darf
auch abstrakt werden.

RAWR

Jeder Gegenstand sieht 100-mal
niedlicher aus, wenn er ein Gesicht hat.

Zum Beispiel dieses TOASTBROT.
Was noch?

MONSTER

Gib jedem Tag die Chance, der schönste deines Lebens zu werden.

Hier ist Platz, um dein Lieblingszitat
aufzuschreiben. So schön du kannst …

Happy girls are the prettiest

— AUDREY HEPBURN —

Kennst du noch ein schönes Zitat?

Hier kannst du es zu Papier bringen und
ganz nach deinen Vorstellungen verzieren.

HEUTE
ist *mein*
Lieblings-
TAG

Hast du dich schon mal an HANDLETTERING versucht?
Zum Einstieg kannst du dich ja mal an der Vorlage
auf der linken Seite orientieren.

ViktoriaSarina

Und jetzt bist du dran!
Versuche deinen NAMEN zu lettern.

ENTWEDER ... ODER ...
HANDLETTERING EDITION:

Was magst du lieber? Schreibe das Ergebnis
in schönen Lettern darunter.

EINHORN oder ALPAKA

PIZZA oder BURGER

SOMMER oder WINTER

• Auf welche Seiten in diesem Buch
bist du besonders stolz?

Welche Seiten sind dir nicht so gut gelungen?

Welche Seiten haben einfach am meisten Spaß gemacht?

Mit welchen Stiften zeichnest du am liebsten?

Spring

IN eine

PFÜTZE

DIE Spring in eine Pfütze!-WELT WIRD GRÖßER

IMPRESSUM

6. Auflage

© 2019 Community Editions GmbH
Weyerstraße 88–90
50676 Köln

Texte: ViktoriaSarina
Layout & Satz: BUCH & DESIGN Vanessa Weuffel
Illustration: Sue Hiepler – Arts From Sue, BUCH & DESIGN Vanessa Weuffel
Projektmanagement: Yasmin Reddig
Schrift: Hipsterish Pro © Hello I'm Flo
Bildnachweis: Sticker © ViktoriaSarina, © Hannes Loske: S. 2
Das Werk wurde vermittelt von Studio071

Gesamtherstellung: Community Editions GmbH

ISBN 978-3-96096-077-5

Printed in Poland

www.community-editions.de